MISTER S

Roger Hargr

Liebe Catherine,
Frohe Weihnachten!
Liebe Grüße,
Deine Elizabeth
xxx

2018

Rieder Bilderbücher

Armer Mister Sorge!

Egal, was passierte, er machte sich ständig schreckliche Sorgen.

Wenn es regnete, quälte ihn die Sorge, ob sein Dach dicht genug sei.

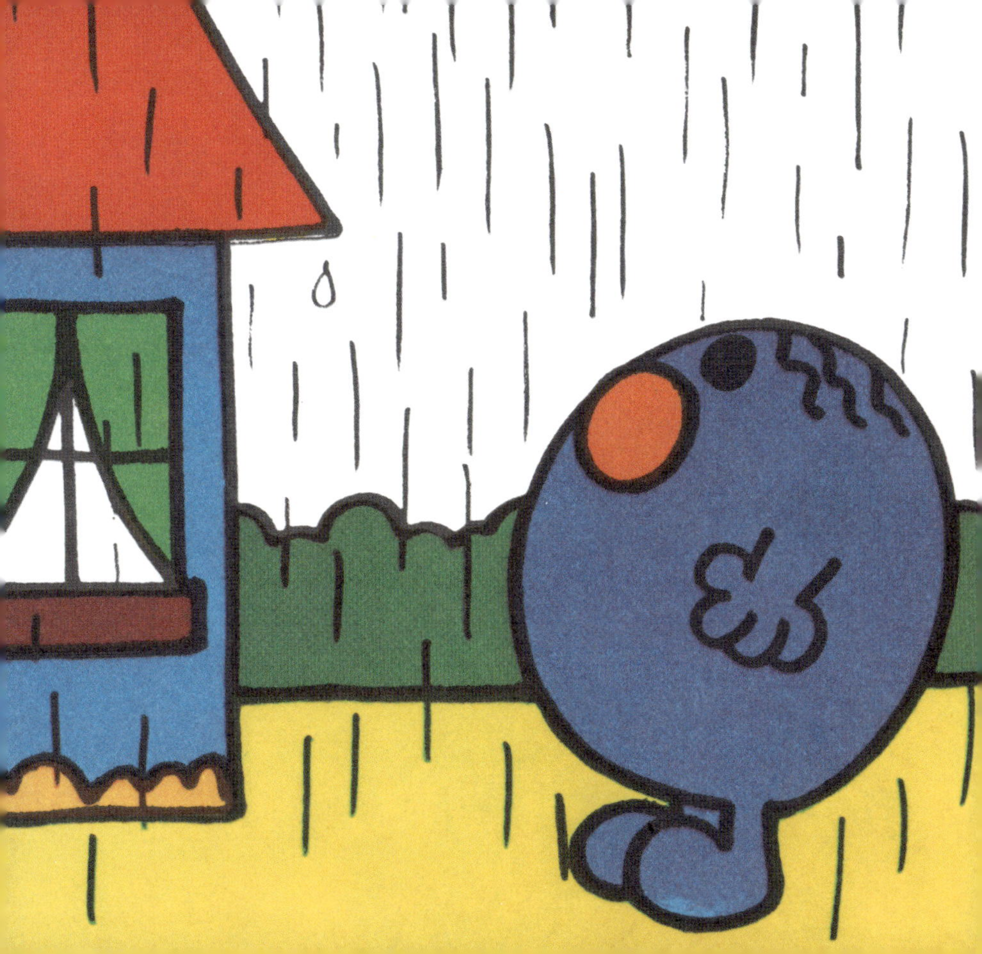

Wenn es nicht regnete, sorgte er sich um die Blumen
in seinem Garten. Sie würden alle verdorren …

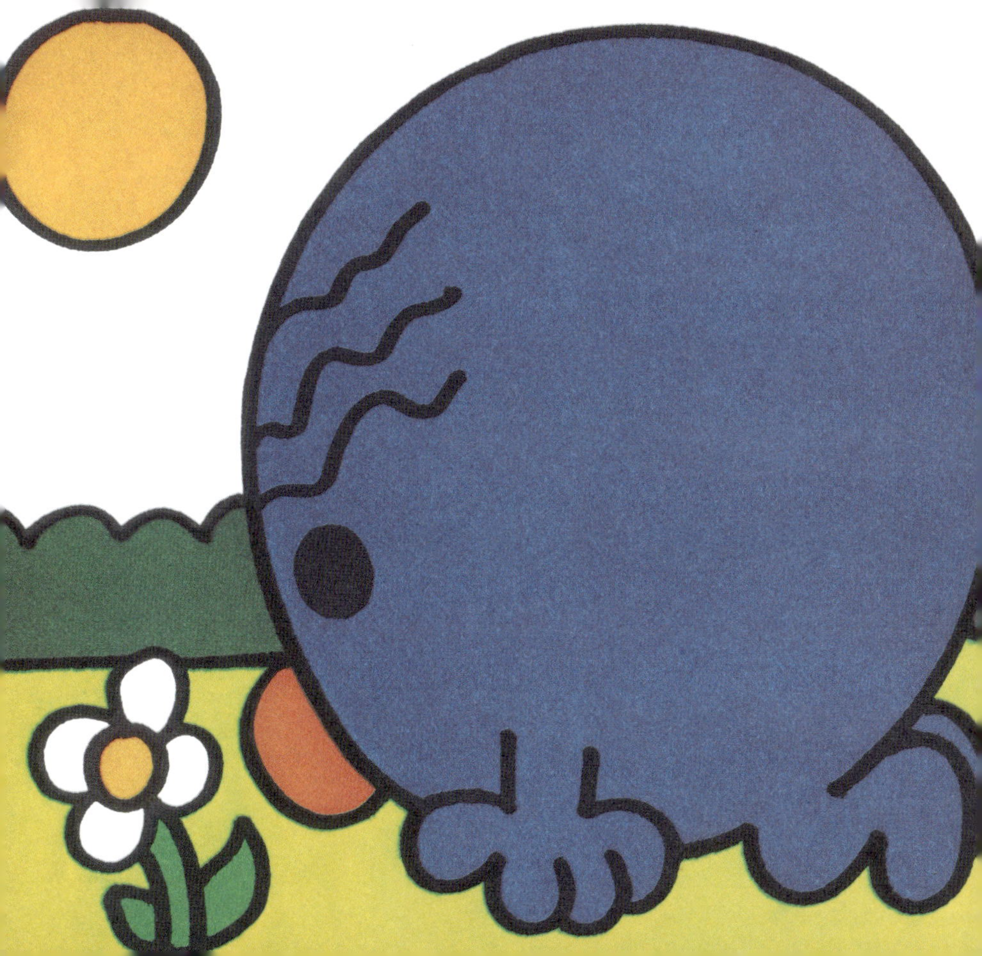

Wenn er zum Einkaufen ging, befürchtete er, dass die Geschäfte bei seiner Ankunft schon geschlossen sein könnten.

Und wenn die Geschäfte dann geöffnet waren, zermürbte ihn die Sorge, er könne beim Einkaufen zu viel Geld ausgeben.

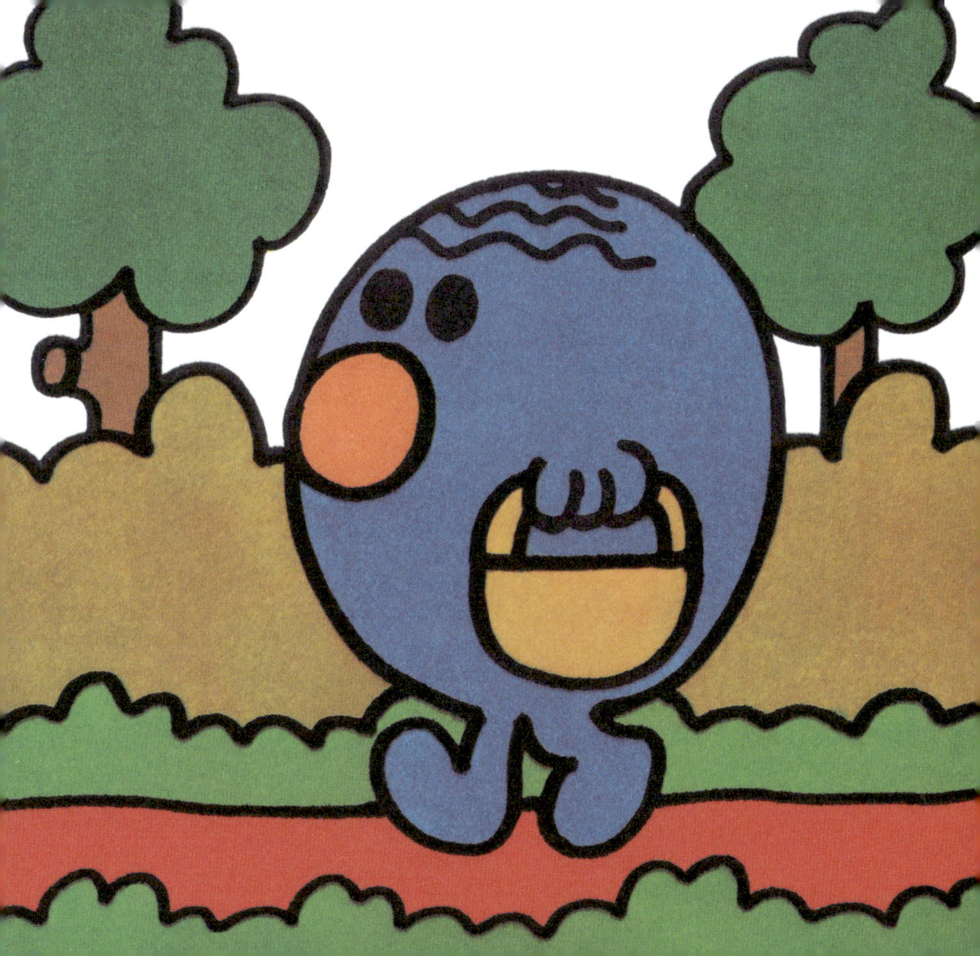

Und kam er mit seinen Einkäufen endlich nach Hause, hatte er Angst, etwas liegengelassen oder auf dem Heimweg verloren zu haben.

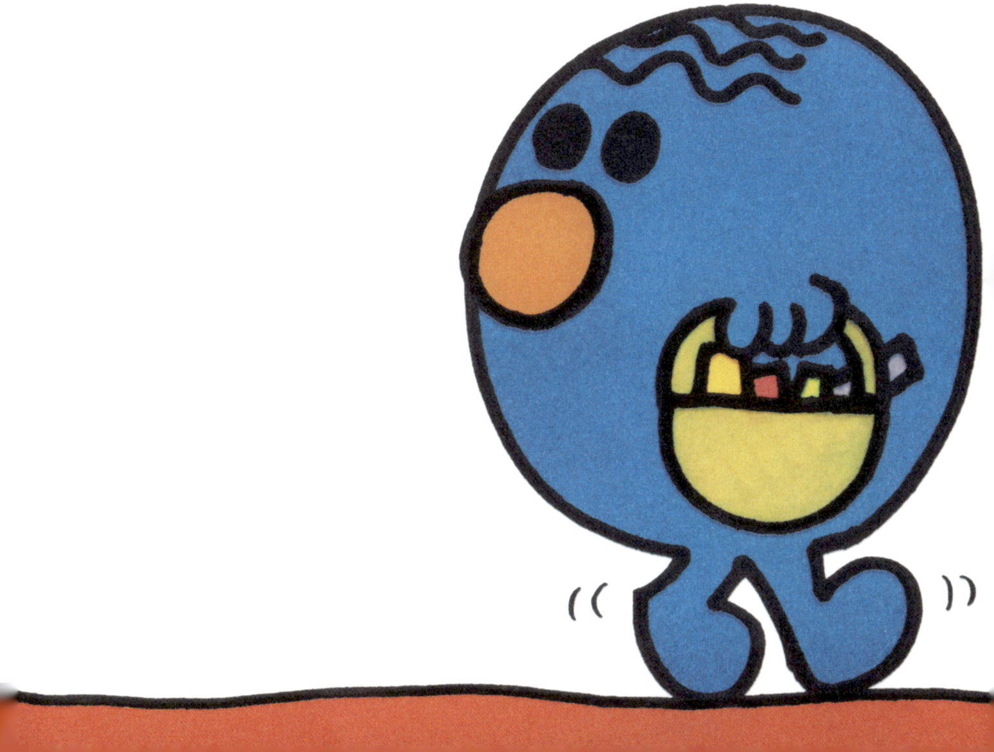

Und wenn er zu Hause feststellte, dass er weder etwas liegengelassen noch auf dem Heimweg verloren hatte, machte er sich Vorwürfe, dass er zuviel gekauft hatte.

Und dazu die Sorgen, wo er all seine Einkäufe unterbringen sollte …

Für den armen Mister Sorge war das Leben eine einzige, endlose Sorge.

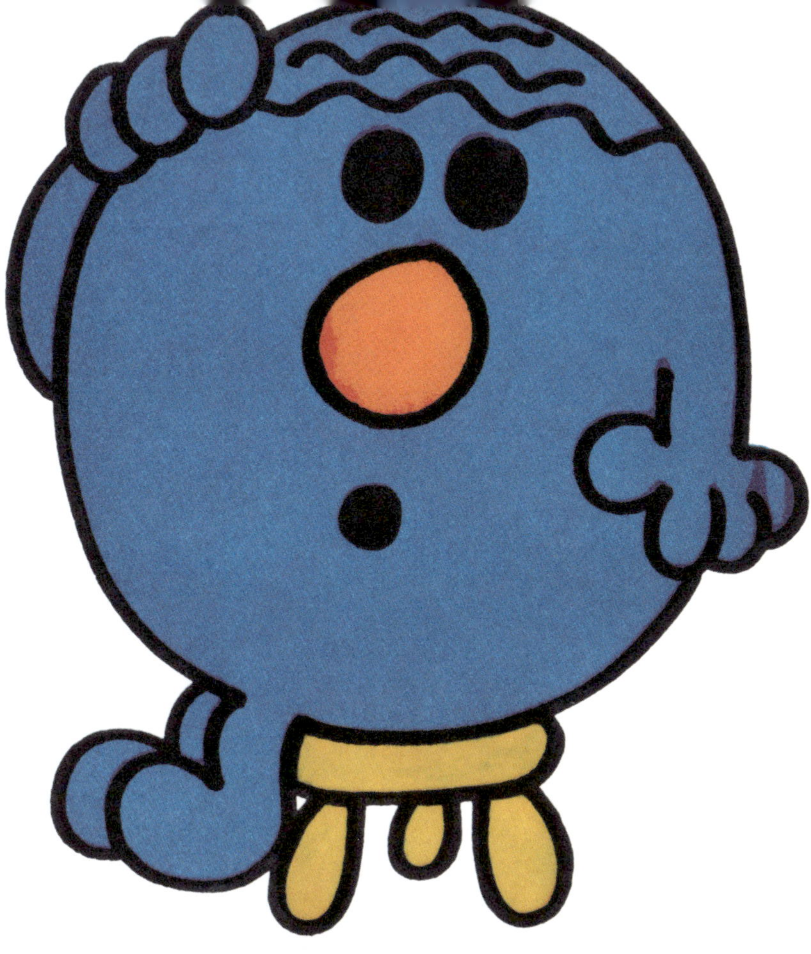

Eines Tages ging er spazieren.

Er sorgte sich, er könne möglicherweise zu weit gehen und nicht rechtzeitig nach Hause kommen. Andererseits aber quälte ihn die Sorge, nicht genug Bewegung zu bekommen, wenn er nicht weit genug ging.

Voller Sorgen eilte er dahin.

Man könnte auch sagen, er sorgte voller Eile dahin.

Da traf er Mister Aua.

„Um dich mache ich mir große Sorgen", sagte er zu ihm.

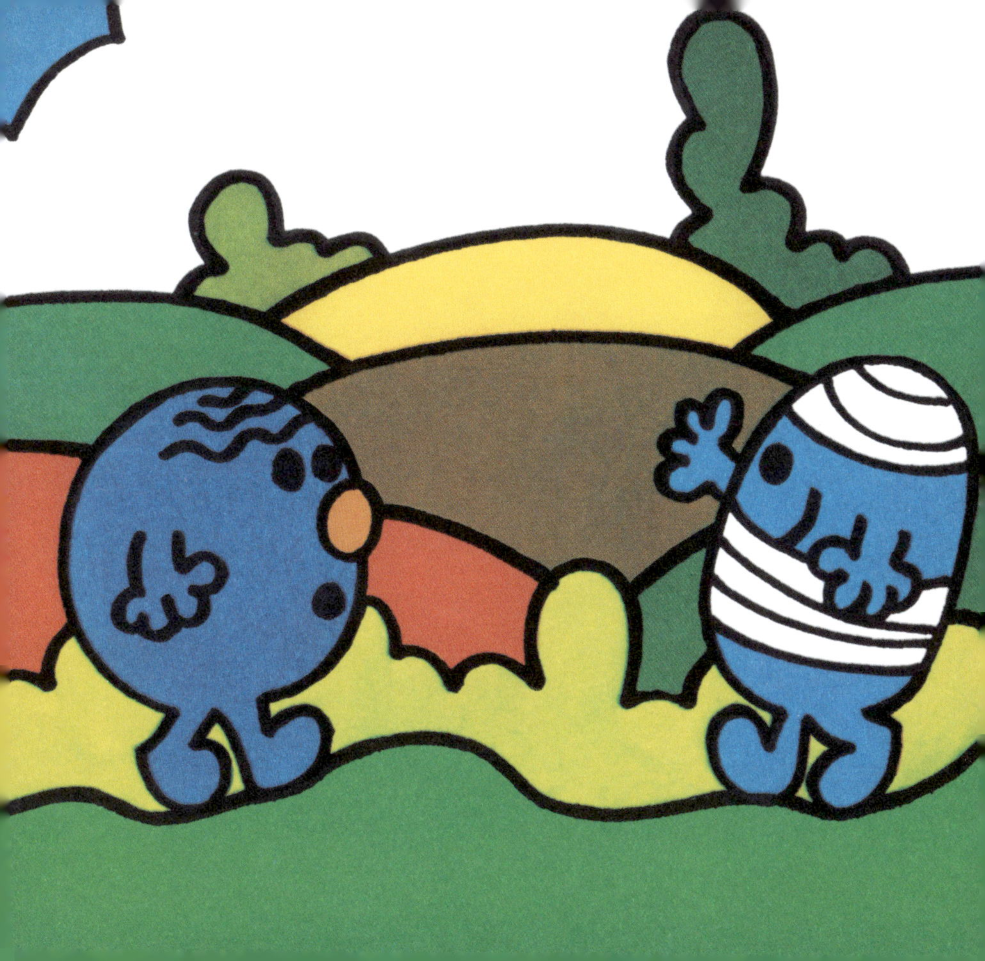

„Wie das?", fragte Mister Aua.

„Du kannst jederzeit hinfallen und dir weh tun", sagte Mister Sorge.

„Da mach dir mal keinen Kopf!", erwiderte Mister Aua und ging weiter. Und er stolperte über seine eigenen Füße …

Mister Sorge setzte seinen Weg fort.

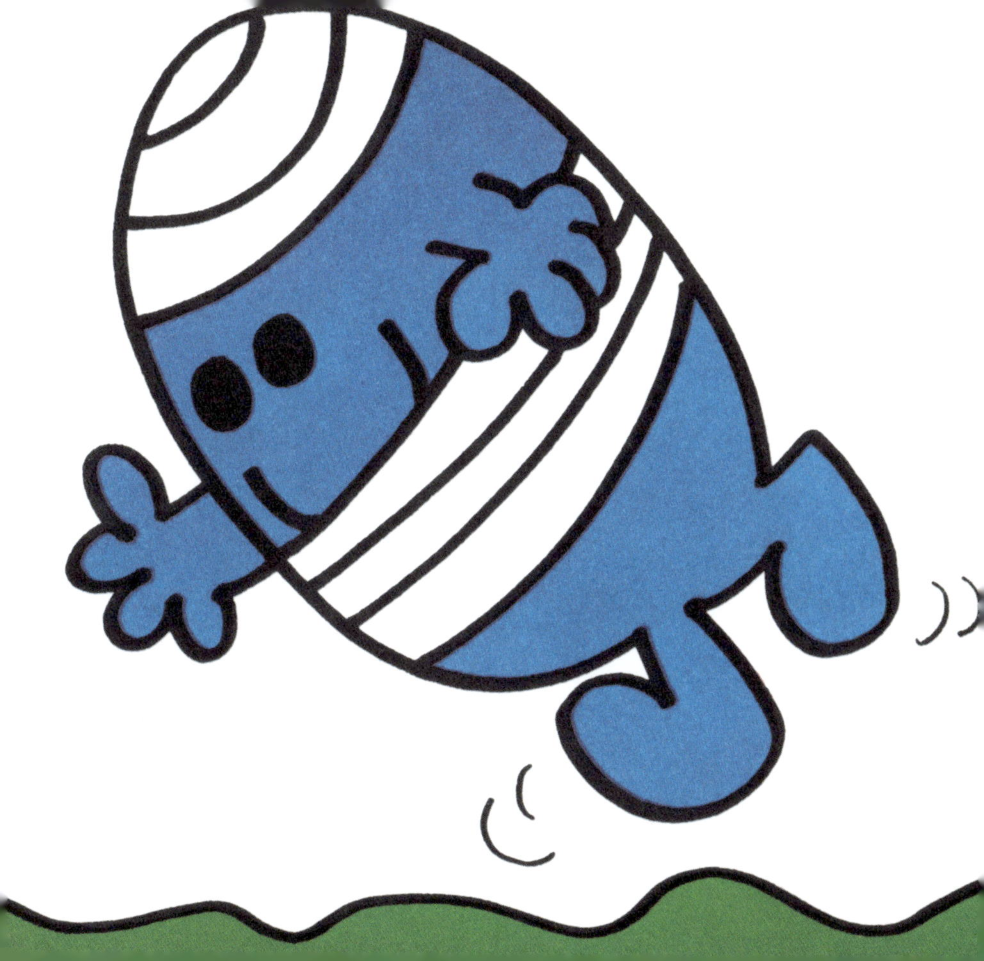

Er traf Mister Krach.

„Um dich mache ich mir große Sorgen", sagte er zu ihm.

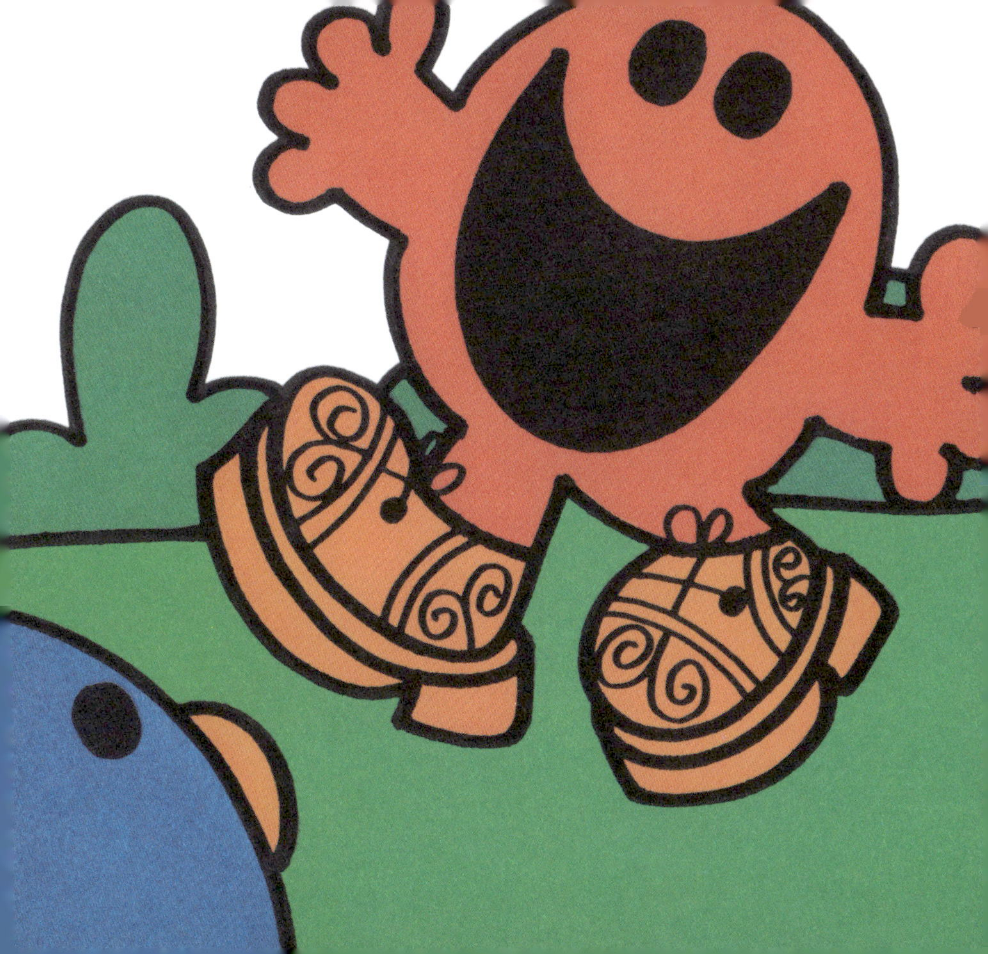

„Wie das?", fragte Mister Krach.

„Du könntest eines Tages deine Stimme verlieren", sagte Mister Sorge.

„Da mach dir mal keinen Kopf!", erwiderte Mister Krach und ging weiter.

STAMPF! STAMPF! STAMPF!

Mister Sorge setzte seinen Weg fort.

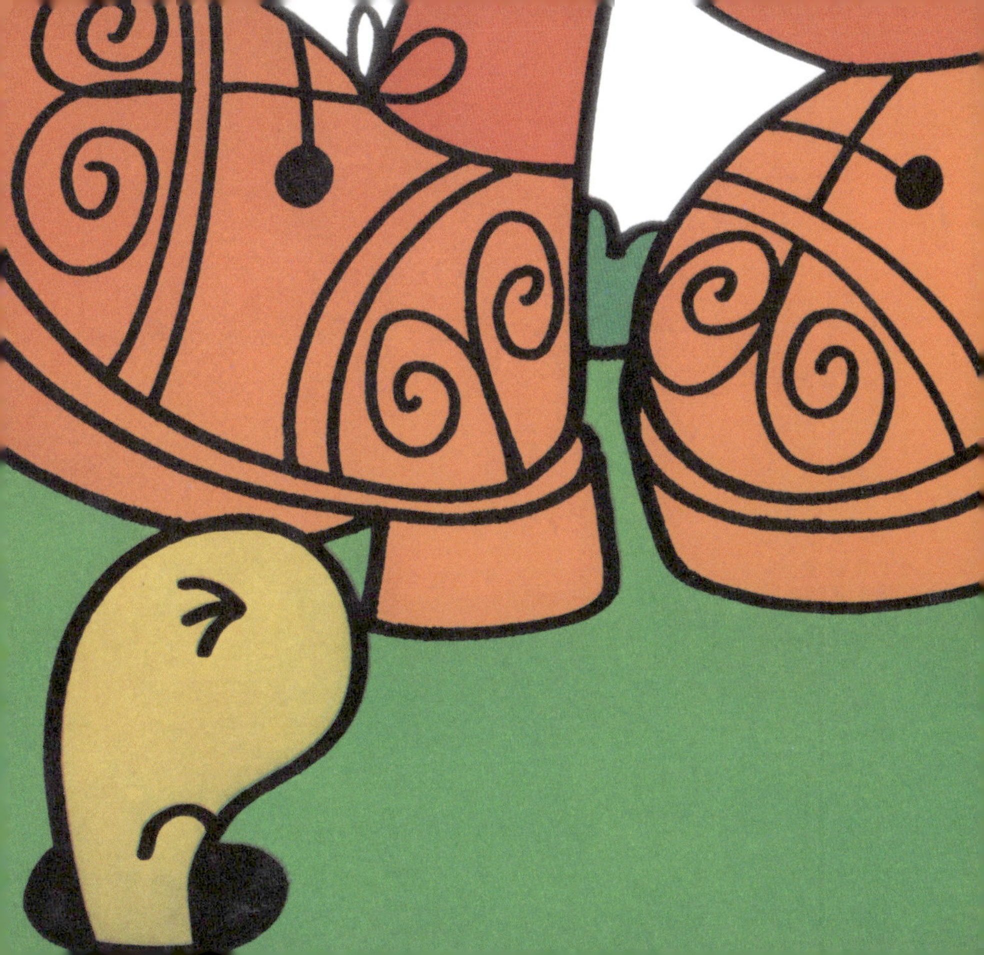

Er traf Mister Vielfraß.

„Um dich mache ich mir große Sorgen", sagte er zu ihm.

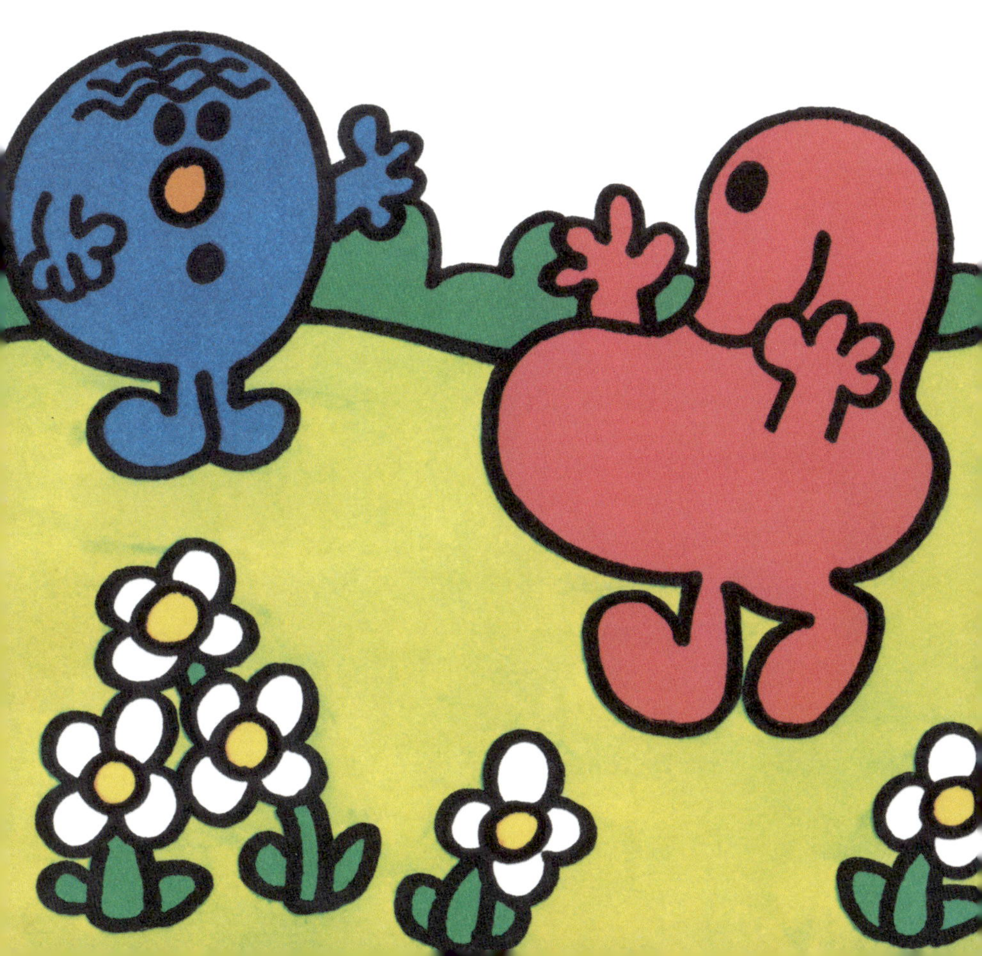

„Wie das?", fragte Mister Vielfraß.

„Es könnte sein, dass dir eines Tages schlecht wird, wenn du immer so viel isst!", erklärte Mister Sorge.

„Mir?", erwiderte Mister Vielfraß.

„Weil ich zu viel esse? Ausgeschlossen!"

Und er ging zum Mittagessen.

Mister Sorge setzte seinen Weg fort.

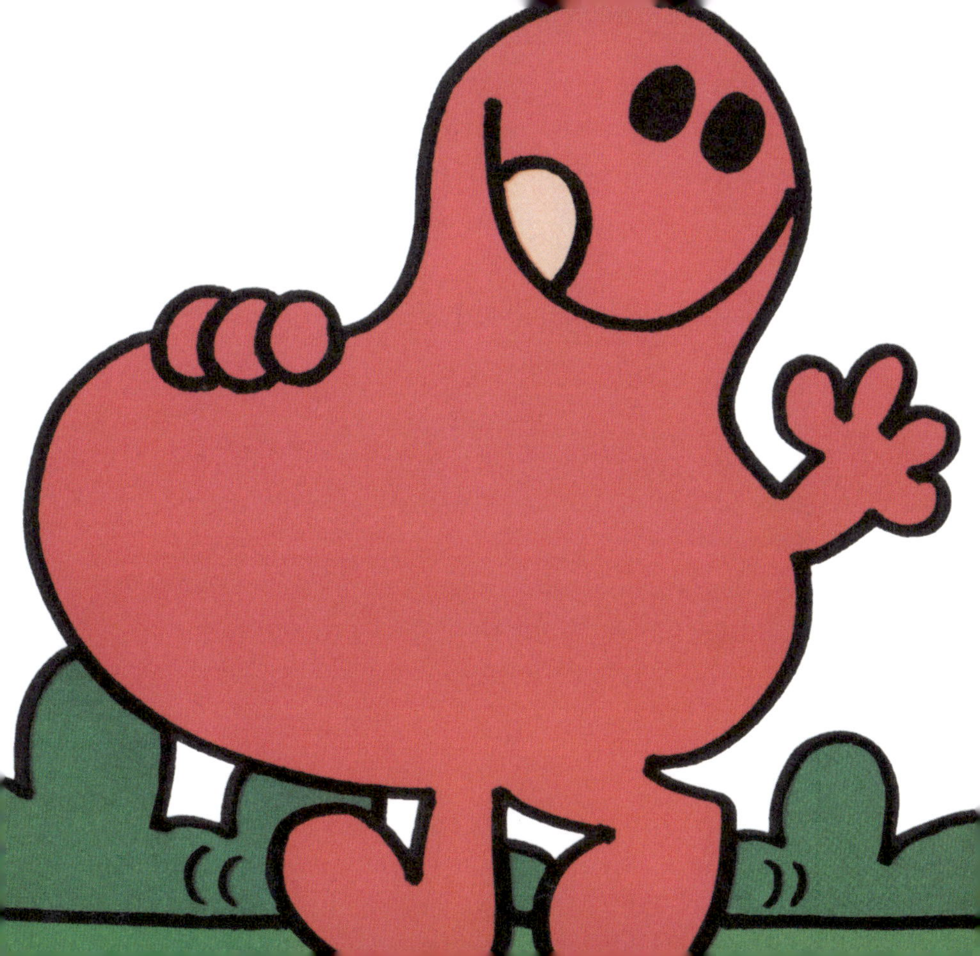

Er traf einen Zauberer.

„Hallo", sagte der Zauberer. „Wer bist du denn?"

„Ich heiße Mister Sorge."

„So siehst du auch aus", versetzte der Zauberer.

„Ich mache dir jetzt mal einen Vorschlag", meinte der Zauberer, der ein sehr hilfsbereiter Zauberer war. „Du gehst jetzt nach Hause und schreibst alles auf, was dir Sorgen macht. Einfach alles. Und ich sorge dann dafür, dass nichts von diesen Dingen je passieren wird."

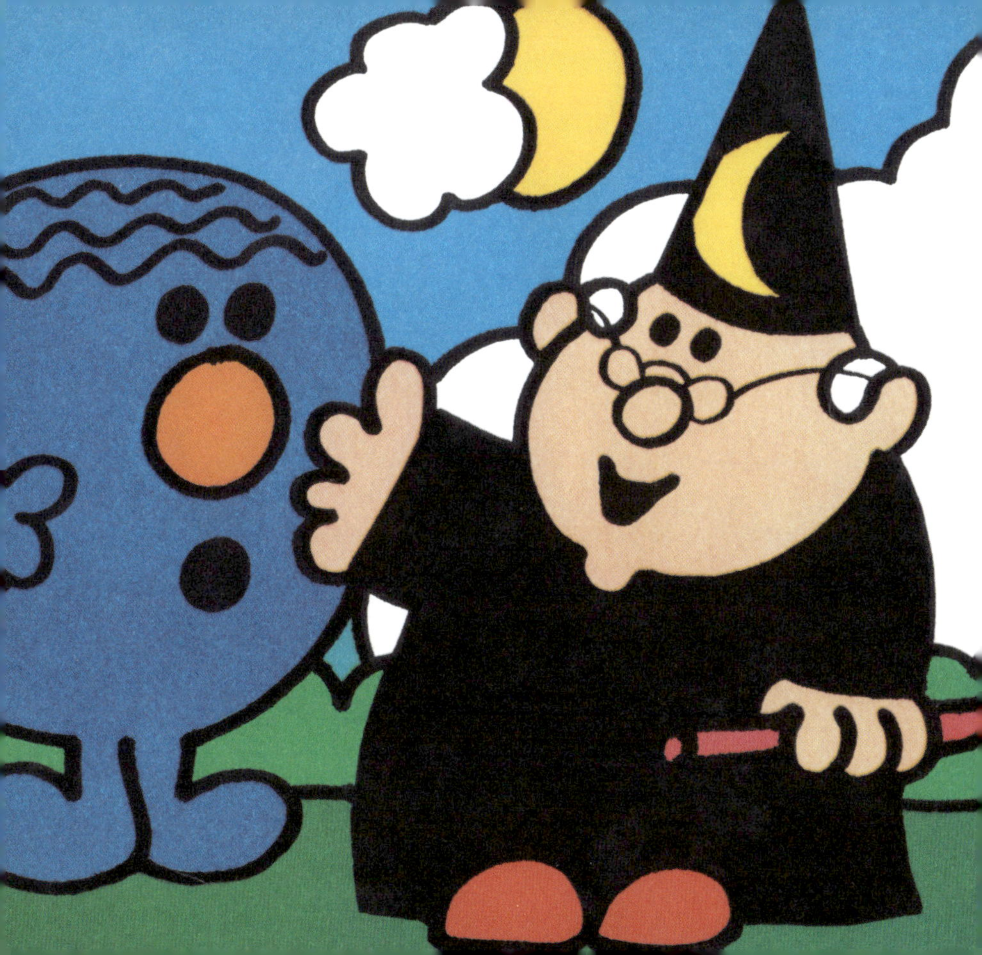

Er lächelte.

„Und dann gibt es nichts mehr, worüber du dir Sorgen machen könntest!"

Mister Sorge lächelte ebenfalls. Zum ersten Mal seit langer Zeit. Eigentlich zum ersten Mal in diesem Jahr …

Voller Aufregung eilte er nach Hause.

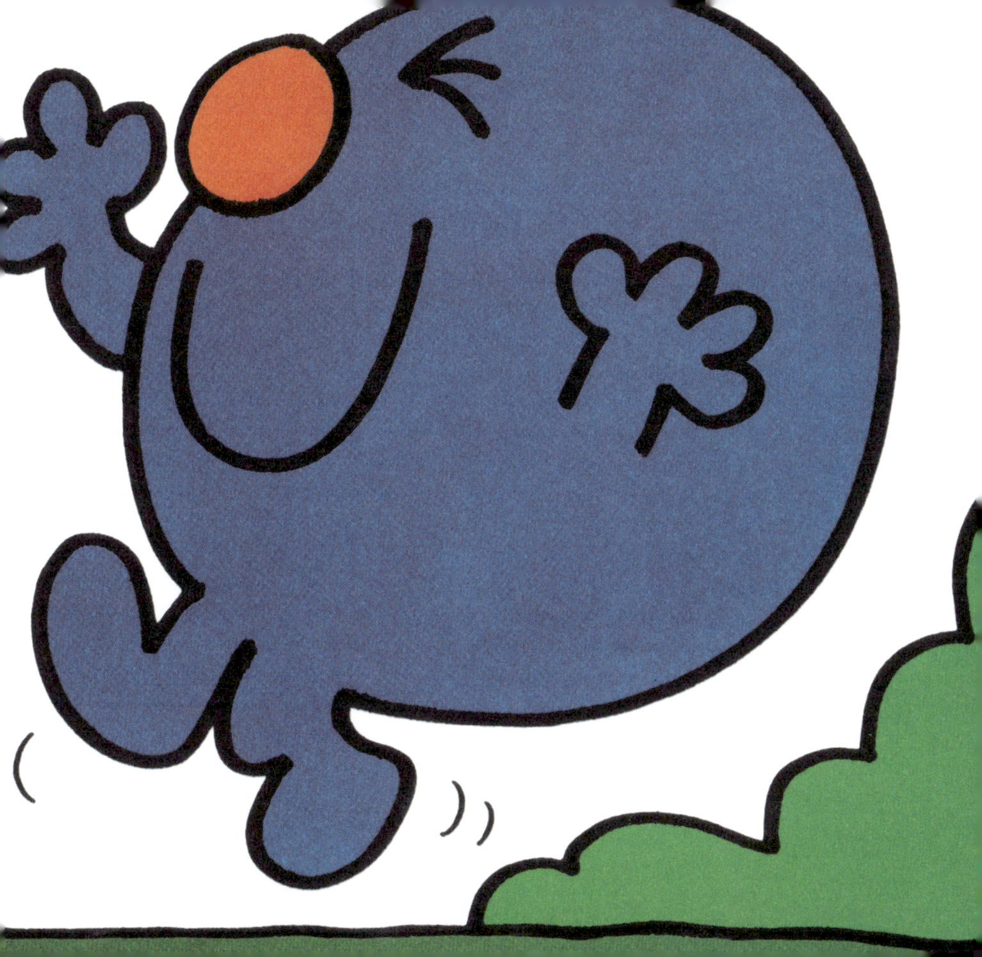

Dort angekommen setzte er sich hin und schrieb alles auf, was ihm Sorgen machte.

Nichts ließ er aus.

Es wurde eine sehr lange Liste.

Und als er dann zu Bett ging, schlief er so gut wie schon seit Jahren nicht mehr.

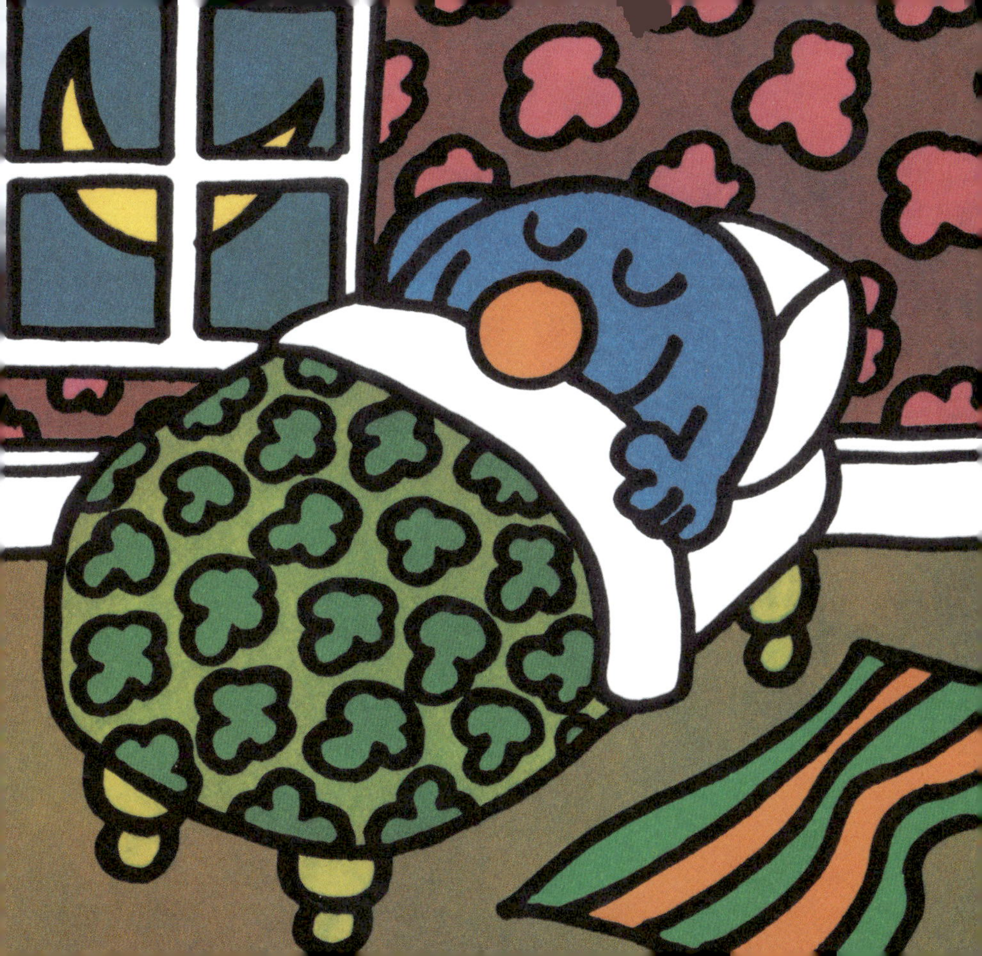

Am nächsten Morgen kam der Zauberer, um sich die Sorgenliste abzuholen.

„Ach, du meine Güte!", rief er, als er sah, wie lang sie war.

„Wie auch immer", sagte er, „überlass das mir! Ich gehe und werde dafür sorgen, dass nichts von diesen Dingen je passieren wird."

Und er ging.

„Du brauchst dir wegen nichts mehr Sorgen zu machen", rief er im Weggehen über die Schulter. „Wegen absolut gar nichts!"

Mister Sorge stieß einen Seufzer der Erleichterung aus.

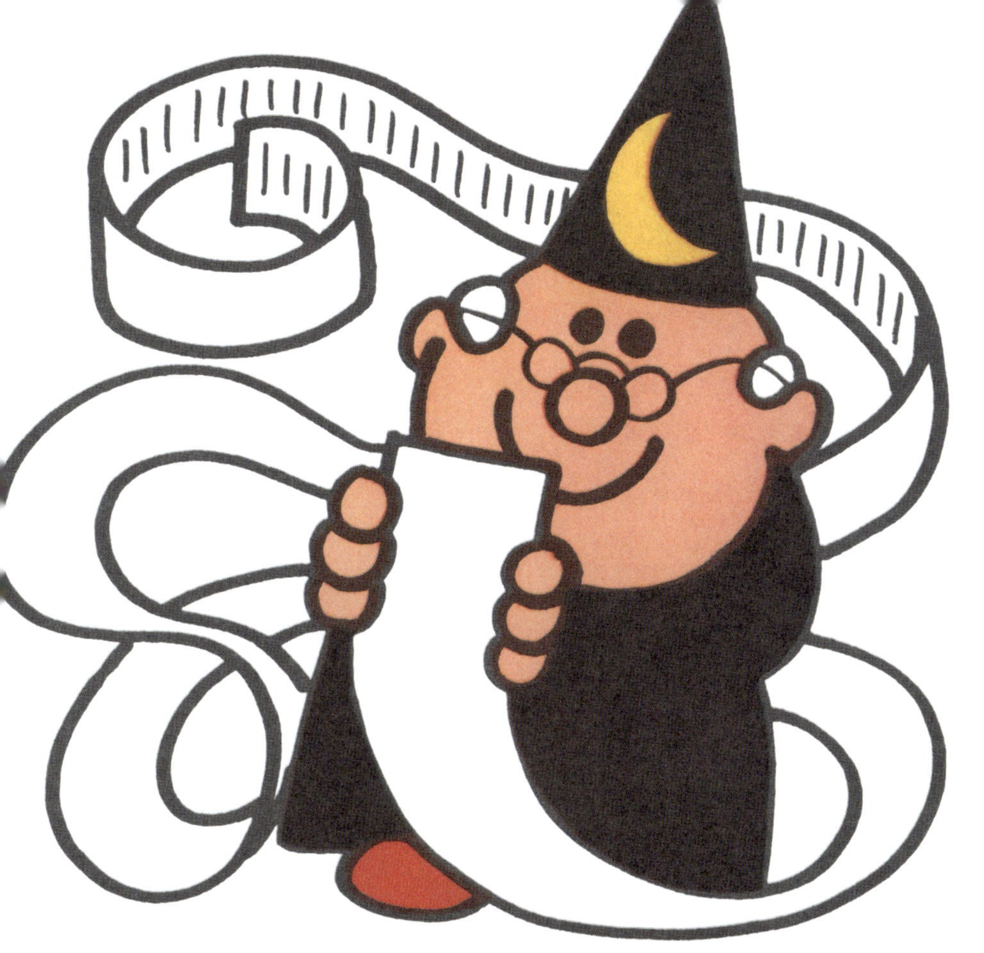

Dieser Tag war der erste Tag im Leben von Mister Sorge, an dem er sich um nichts Sorgen machte.

Auch nicht am nächsten Tag und am übernächsten Tag auch nicht.

Auch am Tag danach nicht.

Am Montag, Dienstag, Mittwoch, Donnerstag, Freitag, Samstag und Sonntag hatte Mister Sorge nicht die Spur einer Sorge.

Aber …

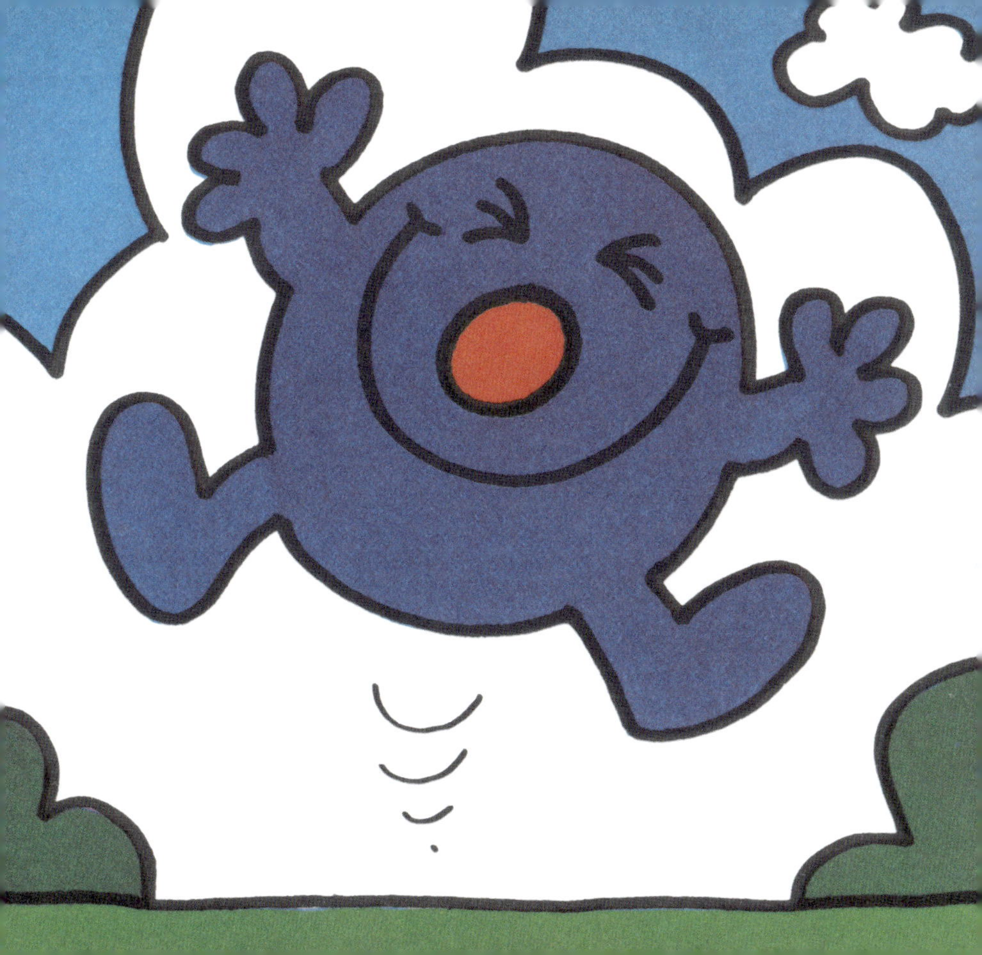

Am Montagmorgen war er wieder ein Mann der Sorge.

Du liebe Güte!

Wisst ihr, warum er sich so sorgte? Könnt ihr es erraten?

Er besuchte den Zauberer.

„Du liebe Zeit", rief der Zauberer, als er ihn im Türrahmen stehen sah.

„Was hast du denn für Sorgen?"

„Das will ich dir sagen", antwortete Mister Sorge.

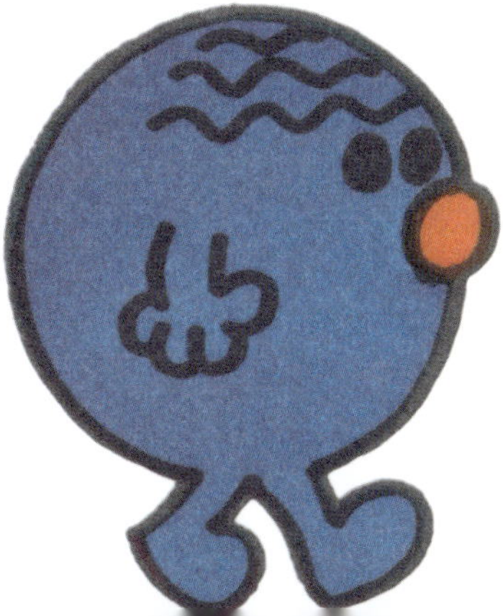

„Ich mache mir Sorgen, weil ich nichts habe, worüber ich mir Sorgen machen könnte!"

Und er ging nach Hause.

Um sich zu grämen, dass er keine Sorgen mehr hatte!